Lisa Piel

Das Frühinterventionsprogramm STEEP im Kontext der Bindungstheorie

GRIN Verlag

Bibliografische Information der Deutschen Nationalbibliothek:

Die Deutsche Bibliothek verzeichnet diese Publikation in der Deutschen National-
bibliografie; detaillierte bibliografische Daten sind im Internet über http://dnb.d-
nb.de/ abrufbar.

Impressum:

Copyright © 2013 GRIN Verlag GmbH
Druck und Bindung: Books on Demand GmbH, Norderstedt Germany
ISBN: 978-3-656-85561-3

Fakultät Wirtschaft und Soziales

Departement Soziale Arbeit

Das Frühinterventionsprogramm STEEP™
im Kontext der Bindungstheorie

Im Bachelorstudiengang Soziale Arbeit

Im WS 2012/13

Name:	Hänsel, Lisa Anna
Matrikelnummer:	
E-Mail:	
Fachsemester:	5
Modul:	M 27.8
Veranstaltungstitel:	Interdisziplinäre Fallarbeit: Multiperspektivische Fallbearbeitung
Ort und Datum der Abgabe:	Hamburg, den 29.01.2013

Inhaltsverzeichnis

Einleitung

Die Gefährdung von Kindern durch Vernachlässigung und Misshandlung ist ein topaktuelles Thema und verlangt seit jeher nach einer Lösung. Gerade bei Familien, bei denen viele Risikofaktoren (wie finanzielle Armut, Suchtproblematik, frühe Schwangerschaft etc.) zusammenkommen ist die Gefahr von Kindeswohlgefährdung groß. Auf der anderen Seite werden im Zuge des Schutzes viel zu viele Kinder aus ihren Familien genommen. Die Frage ist nun, wie diese beiden Schwierigkeiten angegangen werden können.

Ein möglicher Weg zur Prävention solcher Vernachlässigungs- und Misshandlungsfälle ohne eine Herausnahme ist das Frühinterventionsprogramm STEEP™ zur Stärkung der Eltern-Kind-Bindung, welches in dieser Arbeit vorgestellt werden soll. Da STEEP™ wissenschaftlich auf der Bindungstheorie begründet ist und diese, sowie die verschiedenen Bindungsqualitäten, für das Verständnis wichtig sind sollen sie hier zuvor eingehend erläutert werden.

1.   Die Bindungstheorie

Die Bindungstheorie hat einen wesentlichen Beitrag zu den heutigen Grundlagen der Psychologie und Pädagogik geleistet, wird vielerorts zu Diskussionen herangezogen und stetig weiterentwickelt (vgl. Bethke et al. 2009, 8 & 24).

Sie wurde Mitte des 19. Jahrhunderts vom britischen Kinderpsychiater und Psychoanalytiker Johny Bowlby und der kanadischen Psychologin Mary Ainsworth begründet und basiert auf der Annahme, dass ein Kind einen angeborenen Drang besitzt, sich an andere Menschen (Erwachsene) zu binden, um von ihnen Schutz und Fürsorge zu erhalten (vgl. Bethke et al. 2009, 9). Die Bindungstheorie befasst sich mit dieser These, sowie mit den Auswirkungen auf die weitere Persönlichkeitsentwicklung und psychische Gesundheit eines Menschen (vgl. Zimmermann/Spangler 2008, 689). Sie beschäftigt sich insbesondere mit den Bindungserfahrungen des Kindes und leitet daraus unterschiedliche Qualitäten der Eltern-Kind-Bindung ab (vgl. Ahnert 2004, 67).

Die Bindungstheorie bietet einen interdisziplinären Orientierungsrahmen, welcher zwischen der Evolutionstheorie Charles Darwins, der Anthropologie, Psychoanalyse, Entwicklungspsychologie, Kontrolltheorie und Ethologie anzusiedeln ist (vgl. Ahnert 2004, 28-29).

1.1 Was ist Bindung?

Bindung im Sinne der Bindungstheorie wird von Bowlby als ein enges gefühlstragendes Band zwischen dem Kind und der ihm vertrauten Person beschrieben, welches die Beiden über Zeit und Raum hinweg verbindet. Diese Personen - die sogenannten Bindungspersonen - können die Eltern, aber auch Groß- oder Adoptiveltern, Geschwister oder andere Erwachsene sein, soweit sie für das Kind häufig und stabil verfügbar sind. (vgl. Bethke et al. 2009, 9) Die Entwicklungspsychologen Zimmermann und Spangler beschreiben Bindungspersonen als Personen, zu denen das Kind in enger emotionaler Beziehung steht und von der es Schutz und Unterstützung erwartet. Die Nähe zu einer Bindungsperson trägt zur Beruhigung und einem Gefühl von Sicherheit bei (vgl. Zimmermann/Spangler 2008, 689).

Das Bindungsverhalten zwischen dem Kind und seiner Bindungspersonen sei nach Bowlby existenziell wichtig für das kindliche Überleben und deren weitere Entwicklung, speziell der Entwicklung emotionaler Bindungen zu anderen Menschen. Deshalb müsse ihr genauso viel Geltung beigemessen werden, wie der Nahrungsaufnahme, Hygiene oder Exploration. (vgl. Bethke et al. 2009, 9)

1.2 Entwicklung von Bindung

Die menschliche Neigung eines Kindes eine Bindung zu einem Erwachsenen zu entwickeln, ist angeboren und erfolgt nach Bowlby typischerweise in vier aufeinander aufbauenden Phasen (vgl. Siegler et al. 2005, 587-588 & Bethke et al. 2009, 14-16):

1. Vorphase der Bindung (Geburt bis 6 Wochen):

   In dieser ersten Phase zeigt das Kind allgemeine angeborene Signale (wie Anschauen, Klammern, Schreien etc.) mit dem es andere zu sich ruft. Hierbei unterscheidet das junge Kind noch nicht zwischen den Personen, die es anspricht. Alle Menschen in der Nähe werden gleichermaßen kontaktiert. Durch die auf die Signale folgende Interaktion fühlt sich das Kind getröstet.

2. Entstehende Bindung (6 Wochen bis 6 - 8 Monate)

   Während dieser Phase fokussiert sich der Säugling zunehmend auf besonders vertraute Erwachsene und steuert sein soziales Verhalten zunehmend zielorientiert. Er reagiert auf vertraute Personen schneller und differenzierter als auf andere und lässt sich leichter von ihnen beruhigen. In dieser Zeit entwickelt das Kind Erwartungen, wie ihre Fürsorger auf ihre Bedürfnisse reagieren und ein Gefühl dafür, wie sehr es ihnen vertrauen kann. Diese

Phase mündet langsam in der Entwicklung von stabilen Bindungen zu den vertrauten Personen.

3. Ausgeprägte Bindung (zwischen 6 - 8 Monaten und 1 ½ - 2 Jahren)

Nun sucht das Kleinkind aktiv Kontakt zu seinen Bezugspersonen. Durch die mittlerweile verbesserten motorischen Fähigkeiten kann es aktiv durch fort- oder hinbewegen die für ihn angemessene Nähe oder Distanz zu anderen Personen herstellen. Auch kann es Freude und Unbehagen, bspw. bei der Begrüßung oder Trennung der Mutter oder des Vaters, ausdrücken. Während dieser Zeit entwickelt das Kind immer klarere Vorstellungen von seinen Eltern. Es lernt deren Reaktionen auf Bedürfnisäußerungen besser vorherzusagen und das eigene Verhalten dementsprechend anzupassen. Es beginnt eine zunehmende Steuerung des Verhaltens gegenüber den Bindungspersonen. Auch wird in dieser Phase die Bindungsperson zum Mittelpunkt der kindlichen Welt und dient nun als sichere Basis für weitere Erkundungen, zu der das Kind zurückkehren kann, wenn es Sicherheit braucht.

4. Reziproke Beziehungen (von 1 ½ oder 2 Jahren an)

Diese letzte Phase ist dadurch gekennzeichnet, dass das Kind rasch zunehmende kognitive und sprachliche Fähigkeiten entwickelt und die Gefühle, Ziele und Motive der Eltern begreift. Es entsteht ein Verständnis darüber, dass es zu Interessenskonflikten zwischen ihm und der Bindungsperson kommen kann, da beide unterschiedliche Ziele verfolgen. Das Kind beginnt darüber nachzudenken, was andere denken und fühlen. Es entsteht eine zunehmend wechselseitig geregelte Beziehung.

1.3 Inneres Arbeitsmodell

Infolge der zuvor beschriebenen vier Phasen der Bindungsentwicklung entsteht in der Regel eine andauernde emotionale Verbindung zwischen dem Kind und seiner vertrauten Person. Darüber hinaus bildet sich durch die vielen Erfahrungen, die das Kind mit den Eltern macht, eine unbewusste Erwartungshaltung des Kindes heraus, die das Erlebte im Ganzen abbildet. Diese Repräsentation des Selbst, der Bindungspersonen und der Beziehungen im Allgemeinen nennt Bowlby das „innere Arbeitsmodell". Es wird eine immer treffsichere Vorhersage über die zukünftigen Reaktionen der Bindungspersonen auf das eigene Verhalten entwickelt. Die gesammelten Erfahrungen bilden sich dann mit zunehmendem Alter langsam zu einem generellen Welt- und Selbstbild (vgl. Siegler et al. 2005, 588 & Bethke et al. 2009, 16). Sowie die ersten frühkindlichen Erfahrungen Einfluss auf die Entwicklung des inneren Arbeitsmodell eines Menschen haben, so hat dieses wiederum auch Einfluss auf dessen weiteres Verhalten. Das Kind interpretiert mit seinem inneren Arbeitsmodell die Beziehungen zu anderen Personen und der Umwelt insgesamt. Die Reaktionen der Bindungspersonen auf das eigene Verhalten zeigen dem Kind wie liebenswert und kompetent es selbst ist und haben somit Einfluss auf dessen Selbstbild (vgl. Bethke et al. 2009, 17). Bowlby war der Meinung, dass das innere Arbeitsmodell die Erwartungen des Menschen hinsichtlich sozialer Beziehungen das ganze Leben hindurch steuere. Schon Mitte des 19. Jahrhunderts stellte er erstmalig im Rahmen seiner Tätigkeit mit straffällig gewordenen Kindern fest, dass frühere (Trennungs-) Erlebnisse und Erfahrungen einen erheblichen Einfluss auf die kindliche Entwicklung und deren späteres Verhalten haben. Dies war zur damaligen Zeit eine heikle These, da sie der damals bestehenden Lehrmeinung widersprach. In den 1960er Jahren konnte Bowlby zusammen mit der Psychologin Mary Ainsworth seine theoretischen Erkenntnisse auch empirisch belegen. Ainsworth entwickelte auf Bowlbys Grundlage eine Laboruntersuchung (dazu mehr unter Pkt. 1.4.1), mit der die unterschiedlichen Reaktionen von Kindern auf eine Trennung von vertrauten Personen sichtbar gemacht werden konnten. Die Ergebnisse dieser Untersuchungen belegten Bowlbys Annahmen. (vgl. Bethke et al. 2009, 8)

Auch heute noch wird angenommen, dass das Bild des Kindes von Bindung dessen allgemeine Einstellung, das zukünftige soziale Verhalten und das Bewusstsein seines Selbst beeinflussen (vgl. Siegler et al. 2005, 588).

1.4   Bindungsqualitäten

Allerdings seien nach Bowlby Bindungen nicht gleich Bindungen. Je nach Art und Weise des Miteinanders, der Qualität der gemeinsam verbrachten Zeit von Bindungsperson und Kind und anderen frühkindlichen Erfahrungen entwickeln sich bedeutende Unterschiede in Form und Qualität der Bindung (vgl. Bethke et al. 2009, 9).

John Bowlbys frühere Studentin und spätere Mitarbeiterin Mary Ainsworth entwickelte zur wissenschaftlichen Feststellung der Qualitäten von Bindung ein Testverfahren, das „Fremde Situation" (engl. strange situation) genannt wird.

1.4.1   Fremde Situation

Wie bereits in Punkt 1.2 beschrieben, nutzen Kinder ihre Bezugsperson (zumeist die Eltern) als sichere Basis für ihre weitere Exploration. Ainsworth kam durch ihre Untersuchungen und Beobachtungen zu dem Entschluss, dass das Ausmaß dieser kindlichen Fähigkeit und die Art der Reaktion des Kindes auf eine kurze Trennung von der Bindungsperson, sowie das erneute Zusammentreffen mit ihr, Erkenntnisse über die Bindungsqualität zwischen dem Kind und dieser Person geben können (vgl. Siegler et al. 2005, 588). Diese Erkenntnis bietet die Grundlage des, Ende der 1960er Jahre von Ainsworth und ihren Mitarbeitern entwickelten, Labortests „Fremde Situation", bei dem die Bindungsqualität von Kindern im Alter von ein bis zwei Jahren gemessen wird (vgl. Fonagy 2001, 27).

Der Test besteht aus acht dreiminütigen Episoden und findet in einer für das Kind unvertrauten Umgebung statt, da dies die Wahrscheinlichkeit erhöht, dass das Bedürfnis des Kindes nach seiner Mutter oder seinem Vater verstärkt wird (vgl. Siegler et al. 2005, 589). Für den Test wird das Kind in Begleitung seiner Bindungsperson (meistens der Mutter) und einer fremden Person in ein Spielzimmer des Labors gesetzt. Dieses ist mit attraktivem Spielzeug ausgestattet, welches das Explorationsverhalten des Kindes aktivieren soll. Die Testsituation umfasst nach einer kurzen Eingewöhnungsepisode zwei kurze Trennungsphasen zwischen Kind und Bindungsperson, einmal in Anwesenheit der fremden Person und einmal alleine, sowie zwei anschließende Wiedervereinigungen. Die gesamte Testsituation wird auf Video aufgenommen und anschließend von der Testleitung im Hinblick auf das Verhalten des Kindes während der Trennung und insbesondere der Wiedervereinigung ausgewertet (vgl. Bethke et al. 2009, 18).

Anhand dieser Untersuchungen und Videoanalysen konnte Ainsworth insgesamt drei verschiedene Verhaltensmuster während der Trennungs- und Wiedervereinigungsphase ausmachen. Später fand die Psychologin Mary Main noch ein viertes Muster. Diese vier Muster wurden bestimmten Bindungsqualitäten zugeordnet, welche im Folgenden erläutert werden sollen (vgl. Bethke et al. 2009, 18).

1.4.2 Sichere Bindung (B-Typ)

Verhalten (in der Fremden Situation):

Kleinkinder, die sicher gebunden sind, nutzen ihre Mutter in der Anfangsepisode der Fremden Situation als sichere Basis, um den Raum und die Spielzeuge von ihr aus zu erkunden. Dabei schauen sie gelegentlich zur Mutter zurück, um sich ihrer Fürsorge zu versichern und beziehen diese teilweise mit ins Spiel ein (vgl. Siegler 2005, 590). Wird ein Kind mit dieser Bindungsqualität von seiner Mutter verlassen, so zeigt es seine emotionale Belastung, indem es z.B. schreit, weint oder nach seiner Mutter sucht. Eine Tröstung durch die fremde Person ist zumeist nicht möglich. Bei der Wiedervereinigung mit der Mutter wendet sich das Kind dieser sofort zu und begrüßt sie freudig. Das Kind möchte Körperkontakt zur Mutter

7

herstellen und beruhigt sich in ihrer Nähe schnell wieder. Nach relativ kurzer Zeit beschäftigt es sich wieder neugierig mit anderen Dingen (vgl. Bethke et al. 2009, 20).

Für eine gute Kindesentwicklung ist eine ausgewogene Balance zwischen Bindung und Exploration wichtig. Um diese zu erreichen schafft sich das Kind in der Regel eine funktionierende Bindungsorganisation. Ist das sicher gebundene Kind emotional belastet sucht es Nähe bei der Bindungsperson. Negative Emotionen werden durch dessen Nähe hinreichend reguliert und es entsteht ein Gefühl von Sicherheit, sodass das Kind wieder explorationsbereit ist (vgl. Zimmermann/Spangler 2008, 689 & 691).

Entwicklung dieses Bindungstyps:

Die Bindungsqualität ist davon abhängig, wie feinfühlig die Bindungsperson die Zeichen des Kindes deutet und auf diese reagiert (vgl. Erickson/Egeland 2009, 33). Wenn die Mutter die Signale und Bedürfnisse ihres Kindes wahrnimmt, sie richtig interpretiert und zuverlässig, prompt und angemessen auf diese reagiert, macht das Kind die Erfahrung, dass es sich auf seine Mutter verlassen kann und entwickelt so mit ziemlicher Sicherheit eine sichere Bindung zu ihr. In Belastungssituationen (wie Krankheit, Trauer, Müdigkeit etc.) wird sich das Kind mit der Überzeugung sofortige Hilfe zu bekommen vertrauensvoll an die Mutter wenden, da es ein tiefes Vertrauen in ihre Verfügbarkeit bekommen hat. Das Kleinkind entwickelt so die Fähigkeit der Selbstregulation (vgl. Bohlen/Mail 2007, 16 & Bethke et al. 2009, 20).

Auswirkungen auf die spätere Entwicklung:

Das Bindungsmuster der sicheren Bindung spiegelt ein inneres Arbeitsmodell wieder, bei dem das Kind darauf vertraut Trost bei seinen Mitmenschen zu finden (vgl. Fonagy 2001, 27). Erfährt ein Kind in seiner frühen Entwicklung fürsorgliche Unterstützung, so wird es auch später vertrauensvoll Unterstützung suchen, da es Vertrauen in die Welt und seine Mitmenschen gewonnen hat (vgl. Bethke et al. 2009, 20).

Sicher gebundene Kinder besitzen ein hohes Maß an wichtigen Kompetenzen. Ein im Sinne der Bindungstheorie kompetentes Kind empfindet sich selbst als wert, Hilfe zu erhalten und kann dies deutlich seiner Bindungsperson mitteilen (vgl. Ahnert 2004, 29). Soziale Kompetenzen im Umgang mit anderen, sowie vielfältige Kommunikationsmöglichkeiten sind gut ausgeprägt. Auch sind Kinder mit einer sicheren Bindung später weniger von den Erziehern abhängig, haben eine relativ hohe Frustrationstoleranz, sind weniger aggressiv gegenüber anderen Kindern und spielen konzentrierter (vgl. Bethke et al. 2009, 20-21). Studien konnten auch belegen, dass sicher gebundene Kinder später insgesamt besser in der

Schule und mit Freundschaften zurechtkommen. Sie arbeiten erfolgreicher mit Lehrern zusammen, entwickeln gute Beziehungen zu Mitschülern und lernen mit größerer Ausdauer und Begeisterung. Diese positiven Erfahrungen, die das Kind infolge seines sicheren Bindungsverhaltens macht, wirken sich wiederum positiv auf seine weitere Entwicklung und das innere Arbeitsmodell aus. Es entsteht ein positiver Kreislauf (vgl. Erickson/Egeland 2009, 33-34).

Das Kind hat Zutrauen in seine eigene Fähigkeit entwickelt, die Zuwendung der Bindungsperson auszulösen. Dieses Grundvertrauen entwickelt sich mit der Zeit weiter und beeinflusst die Erwartungen und Verhaltensweisen des Kindes in späteren Beziehungen zu anderen. Eine sichere Bindung bildet eine Grundlage für eine spätere kompetente Lebensbewältigung und eine bessere Problemlösungskompetenz bei emotionalen und entwicklungsbezogenen Schwierigkeiten (vgl. Erickson/Egeland 2009, 33-34). Das Kind kann sich angemessen an der Wirklichkeit orientieren und kann, trotz emotional belastender Gefühle, zierorientiert planen und handeln. Diese sichere Organisation von Gefühlen ist eine ungemein gute Voraussetzung für eine positive weitere Entwicklung – wenn allerdings auch keine Garantie (vgl. Ahnert 2004, 29-30). In einer sicheren Bindungsbeziehung lernt das Kind sozio-emotionale Kompetenzen, Beziehungsfähigkeit generell, den Umgang mit Gefühlen und die Erkundung der Umwelt. Somit ist sie Voraussetzung für Autonomie und Kompetenz (vgl. Becker-Stoll 2007, 30).

Es gibt drei Bindungsmerkmale, die sich infolge sicherer Bindungsbeziehungen qualitativ zusammenfügen sollten: Integrität der Gefühle, Klarheit der eigenen Motive und die uneingeschränkte und unbelastete Breite der Handlungsmöglichkeiten (vgl. Ahnert 2004, 30).

1.4.3 Unsicher-vermeidende Bindung (A-Typ)

Verhalten (in der Fremden Situation):

Das unsicher-vermeidend gebundene Kleinkind wirkt in der Fremden Situation zunächst sehr selbstständig und unabhängig. Es ist Fremden gegenüber zutraulich und vermittelt insgesamt Erkundungsbereitschaft (vgl. Bethke et al. 2009, 19). In den Trennungssituationen zeigt das Kind wenig Kummer, allerdings auch deutliches Desinteresse an der Mutter bei der Wiedervereinigung (vgl. Zimmermann/Spangler 2008, 690). Es kommt zu vermeidenden Verhaltensmustern, wie Blick vermeiden, Kopf abwenden, Rücken zukehren oder gänzliches entfernen. Teilweise erfolgt sogar ein scheinbares Nichtwiedererkennen der Mutter bzw. Nichtreagieren auf ihre Angebote (vgl. Ahnert 2004, 68).

Das Kind scheint nicht auf die Verfügbarkeit der Mutter zu vertrauen. Um die Belastung der Trennungssituation zu bewältigen, bringt es seine emotionale Erregung frühzeitig unter Kontrolle oder stellt sie von vorne herein niedrig ein (vgl. Fonagy 2001, 27). Kummer oder Angst werden der Mutter gegenüber nicht gezeigt, sind jedoch ein Stressfaktor für das Kind (vgl. Zimmermann/Spangler 2008, 690). Auch lässt es sich nicht von der Mutter beruhigen (vgl. Bethke et al. 2009, 19). Die Emotionsregulation bei einer unsicher-vermeidenden Bindung ist ineffektiv. Es erfolgt eine Einschränkung der Bindungs-Explorations-Balance hinsichtlich des Bindungsverhaltens (vgl. Zimmermann/Spangler 2008, 691).

Entwicklung dieses Bindungstyps:

Die Entwicklung einer unsicher-vermeidenden Bindung hängt erwiesenermaßen damit zusammen, dass die Bindungsperson nicht auf die Bitten des Kindes um Zuwendung und Aufmerksamkeit eingeht (vgl. Erickson/Egeland 2009, 34). Das Kind hat erfahren, dass die Bindungsperson seine Äußerungen der Bedürfnisse nicht ernst nimmt und auch zurückweist. Die Mutter reagiert auf die kindlichen Signale entweder überhaupt nicht, nicht angemessen oder sogar bestrafend. Dadurch hat das Kind gelernt, seine Bedürfnisse nicht mehr so deutlich zu zeigen und verhält sich gegenüber der Bindungsperson zum eigenen Schutz insgesamt eher vermeidend (vgl. Bethke et al. 2009, 19).

Auswirkungen auf die spätere Entwicklung:

Unsicher gebundene Kinder haben weniger positive Bindungen zu ihren Bezugspersonen. Die anfängliche Annahme, dass unsicher-vermeidend gebundene Kinder besonders stabil und stark seien, erwies sich später als falsch. Studien haben gezeigt, dass diese Kinder ihren Stress in Belastungssituationen zwar nicht zeigen, ihn jedoch empfinden (vgl. Bethke et al. 2009, 19).

Ein Kind mit dieser Bindungsqualität hat erfahren, dass es sich auf niemanden verlassen kann und hat sein inneres Arbeitsmodell dementsprechend ausgerichtet. Es versucht erst gar nicht mehr Hilfe zu bekommen, da es nicht erwartet, diese zu erhalten. Diese Kinder neigen zu einem sehr idealisierten oder sehr negativem Selbstbild. Sie haben eine niedrige Frustrationstoleranz, können schwer mit Niederlagen umgehen und haben Schwierigkeit beim angemessenen Ausdruck ihrer Gefühle (vgl. Bethke et al. 2009, 20).

1.4.4 Unsicher-ambivalente Bindung (C-Typ)

Verhalten (in der Fremden Situation):

Ganz anders verhalten sich Kinder mit einer unsicher-ambivalenten Bindung. So gebundene Kinder klammern sich in der Fremden Situation oft an ihre Mutter und bleiben in ihrer Nähe, statt sich im Zimmer umzusehen (vgl. Siegler et al. 2005, 591). Auf die Trennungssituation reagieren sie hilflos und mit sehr starkem Kummer, lassen sich jedoch bei der Wiedervereinigung nicht oder nur schwer von der Mutter beruhigen. Ihr Verhalten gegenüber der Bindungsperson ist ambivalent. Auf der einen Seite suchen sie Nähe und Trost bei ihr, auf der anderen Seite wehren sie sich jedoch gegen derartige Zuwendungen, indem sie sich abwenden, winden oder angebotenes Spielzeug wegwerfen (vgl. Holmes 2006, 129). Eine mögliche Verhaltensweise wäre z. B., dass das Kind heulend und mit ausgestreckten Armen auf die Mutter zu rennt, sich dann aber aus der anschließenden Umarmung wieder herauswindet (vgl. Siegler et al. 2005, 591). Das Kind reagiert auf die mütterlichen Annäherungs- und Beruhigungsversuche mit Verzweiflung, Misstrauen und Ärger (vgl. Bethke et al. 2009, 21). Durch den ständigen Wechsel zwischen Anklammern und Kontaktwiderstand ist das explorative Spiel des Kindes erheblich gehemmt und es erfolgt eine Einschränkung der Bindungs-Explorations-Balance hinsichtlich der Exploration (vgl. Holmes 2006, 129 & Zimmermann/Spangler 691).

Entwicklung dieses Bindungstyps:

Die Entwicklung einer unsicher-ambivalenten Bindung hängt nachweislich mit einer unzuverlässigen, unvorhersagbaren Betreuung des Kindes in seinen ersten Lebensmonaten zusammen (vgl. Erickson/Egeland 2009, 34).

Dies kann z.B. der Fall sein, wenn das Kind einerseits zwar liebevoll umsorgt wird, andererseits jedoch in kritischen Zeiten auf sich allein gestellt gelassen wird (vgl. Ahnert 2004, 69). Wenn die Bindungsperson mal aufmerksam und zugewandt, mal jedoch abweisend und vernachlässigend ist, wird sie für das Kind unberechenbar. Es kann dann das Verhalten und die Reaktionen der Mutter nicht klar voraussagen und lebt in einer Welt ständiger Ungewissheit (vgl. Bethke et al. 2009, 21).

Auswirkungen auf die spätere Entwicklung:

Durch diese Ungewissheit in Bezug auf die mütterliche Reaktion und Verlässlichkeit entwickelt das Kind unterbewusst ein übersteigertes Bindungsverhalten. Es erfolgt eine permanente chronische Aktivierung des kindlichen Bindungssystems. Das unsicherambivalent gebundene Kind klammert schnell, weint häufig und exploriert nur schwer. Insgesamt legt es ein eher passives Verhalten an den Tag und wird schnell durch neue Dinge verunsichert (vgl. Bethke et al. 2009, 21).

1.4.5 Desorganisierte/desorientierte Bindung (D-Typ)

Die bisher dreikategoriale Unterscheidung der Bindungsqualitäten wurde von Main und Solomon ca. 1990 um ein weiteres Bindungsmuster ergänzt, als diese herausfanden, dass das Verhalten eines kleinen Anteils an Kindern in keine von Ainsworth' Kategorien passte. Sie entwickelten die Kategorie der desorganisierten/desorientierten Bindung (vgl. Ahnert 2004, 69).

Verhalten (in der Fremden Situation):

Bei diesem eher seltener vertretenen Bindungsmuster verhält sich das Kind desorganisiert, verwirrt, konfus und manchmal sogar widersprüchlich. Entgegen den bisherigen Bindungsqualitäten lässt sich bei diesem Bindungstyp keine organisierte Strategie zur Erreichung einer Bindungs-Explorations-Balance erkennen. Das Kind scheint nicht der Lage zu sein, schlüssige Strategien zur Regulierung emotionaler Erregung zu entwickeln (vgl. Zimmermann/Spangler 2008, 691-692).

Diese Kinder zeigen plötzliche Stimmungswechsel und scheinbar chaotische und desorganisierte Handlungsmuster. Typische Kennzeichen im Verhalten desorganisierter Kleinkinder können unter anderem sein: aufeinanderfolgendes oder gleichzeitiges Auftreten widersprüchlichen Verhaltens; ungerichtete, fehlgerichtete, unvollständige oder unterbrochene Bewegungen und Ausdrücke; stereotype, asymmetrische, zeitlich nicht abgestimmte Bewegungen; eine ungewöhnliche Körperhaltung; eingefrorene oder stark verlangsamte Ausdrücke und Bewegungen; direkte Anzeichen von Ablehnung der Bindungsperson und/oder direkte Anzeichen von Desorganisation oder Desorientierung (vgl. Zimmermann/Spangler 2008, 692-693).

Ferner reagieren desorganisiert gebundene Kinder öfters, scheinbar zufällig, aggressiv auf die Bezugsperson und sind in Trennungssituationen häufig nicht direkt ansprechbar (vgl. Bethke et al. 2009, 22).

Entwicklung dieses Bindungstyps:

Kinder mit diesem Bindungsmuster scheinen den ungelösten Konflikt zu haben, dass sie sich zwar ihrer vertrauten Person zuwenden und nähern wollen, diese aber auch als Quelle ihrer

Angst sehen. Die Bindungsperson, die eigentlich Wärme, Liebe und Zufluchtsmöglichkeit bieten sollte, stellt gleichzeitig eine Bedrohung für das Kind dar (vgl. Siegler et al. 2005, 592).

Oftmals haben die Eltern von desorganisiert gebundenen Kindern ein noch nicht bearbeitetes Trauma erlebt und sind daher unfähig, feinfühlig auf ihr Kind einzugehen. Sie haben Schwierigkeiten die kindlichen Signale wahrzunehmen und richtig zu deuten und können ihrem Kind keine emotionale Basis bieten (vgl. Bethke et al. 2009, 22).

Eine andere Möglichkeit ist, dass das Kind selbst traumatisiert ist. Die desorganisierte Bindung entwickelt sich z.B. häufig im Zusammenhang eigener Missbrauchserfahrungen (vgl. Erickson/Egeland 2009, 35).

In den USA wurden in Unterschichtfamilien signifikant mehr Kinder mit einer Bindungsdesorganisation festgestellt, als in der Mittelschicht (vgl. Zimmermann/Spangler 2008, 691).

Auswirkungen auf die spätere Entwicklung:

Leider gibt es bisher kaum Kenntnisse über das innere Arbeitsmodell von speziell desorganisiert gebundenen Kindern und deren weitere Entwicklung (vgl. Bethke et al. 2009, 22).

1.4.6 Auswirkungen einer unsicheren oder desorganisierten Bindung

Allerdings lassen sich allgemeine Auswirkungen von unsicheren oder desorganisierten Bindungsqualitäten (A-, C-, & D-Typ) feststellen.

Generell kann gesagt werden, dass Kinder, die unsicher oder desorganisiert gebunden sind ein negatives Arbeitsmodell von sich selbst und anderen entwickeln.

In ihrem Weltbild, welches von den eigenen Bindungserfahrungen geprägt ist, sind andere Menschen unberechenbar, unzugänglich und nicht vertrauenswürdig. Sich selbst sehen sie häufig als unfähig, machtlos und nicht liebenswert an. Unsicher oder desorganisiert gebundene Kinder verhalten sich oft gemäß ihrer Erwartung abgelehnt zu werden und gehen in ihrer weiteren Entwicklung mit wenig Zutrauen und Hoffnung an neue Beziehungen und Unternehmungen heran. Sie verhalten sich weniger kooperativ gegenüber Autoritätspersonen, schließen nur schwer Freundschaft und zeigen nicht so viel Wissbegierde. Mit hoher Wahrscheinlichkeit entwickeln sich bis zum Alter von vier bis fünf Jahren erhebliche Verhaltensprobleme. Diese negativen Verhaltensweisen führen leider häufig dazu, dass sich andere Menschen tatsächlich von dem Kind abwenden. Dies wird dann als Bestätigung der eigenen ursprünglichen Annahme gesehen. Es entsteht ein Teufelskreis (vgl. Erickson/Egeland 2009, 35).

2.   Das Frühinterventionsprogramm STEEP™

Im ersten Teil dieser Arbeit wurde beschrieben, dass - und warum – eine sichere Eltern-Kind-Bindung für die weitere kindliche Entwicklung von enormer Bedeutung ist. Leider ist jedoch der Aufbau einer solchen gerade in Familien mit unsicheren, prekären Lebensverhältnissen häufig erschwert (vgl. Bohlen/Mali 2007, 16). Daher stellt sich die Frage wie auch in sogenannten Hoch-Risiko-Familien eine sichere Bindung zwischen der Mutter (oder einer anderen Bindungsperson) und dem Kind gefördert werden kann. Dazu leistet das Präventionsprogramm STEEP™ einen wertvollen Beitrag.

2.1   Was ist STEEP™?

STEEP™ bedeutet „Steps Toward Effective and Enjoyable Parenting" (dt.: Schritte zu einer erfreulichen und gelingenden Elternschaft) und ist ein komplexes, bindungstheoretisch fundiertes Frühinterventionsprogramm. Es wurde 1986 von Byron Egeland und Martha Erickson in den USA entwickelt und seit 2001 schrittweise in Deutschland eingeführt (vgl. Bohlen/Mali 2007, 16 & Suess et al. 2010, 1144).

Das STEEP™-Programm möchte hoch belastete Eltern frühzeitig ansprechen, diese bei einem Aufbau einer sicheren Bindungsbeziehung zu ihrem Kind unterstützen und somit die Kinder vor unsicheren oder desorganisieren Bindungserfahrungen schützen, damit deren weitere Entwicklung positiv verlaufen kann (vgl. Bohlen/Mali 2007, 16).

Dieses längere und intensivere Unterstützungs- und Förderprogramm zum Schutz der Kindessicherheit, stellt auch eine positive Form von Kontrolle dar (vgl. Suess 2007, 24).

2.2   Zielgruppe

STEEP™ richtet sich vor allem an Eltern, die in hochbelasteten Lebensumständen, wo mehrere Risikofaktoren wie ein niedriger Bildungsstand, einkommensschwache Verhältnisse, soziale und psychische Schwierigkeiten, eine frühe Schwangerschaft, Suchtproblematiken etc. zusammenkommen, eine Familie gründen (vgl. Erickson/Egeland 2009, 29).

Es kann jedoch auch auf andere Zielgruppen, wie bspw. gesundheitlich gefährdete Babys, zugeschnitten werden (vgl. Erickson/Egeland 2009, 30).

2.3 Historischer Hintergrund

Der Beginn des STEEP™-Programms lässt sich auf das Minnesota Eltern-Kind-Projekt zurückführen. 1975 starteten die Professoren Byron Egeland und Amos Deinard (später noch unterstützt durch Prof. Alan Sroufe) an der Universität von Minnesota (USA) eine Studie über die Entwicklung von Kindern aus Hoch-Risiko-Familien. Ziel des Projekts war es eine Antwort auf die folgende Frage zu erhalten: „Woran liegt es, dass sich einige Kinder zu psychisch stabilen, kompetenten Erwachsenen entwickeln, obwohl sie unter besonders schwierigen Bedingungen aufwachsen?" (Erickson/Egeland 2009, 27). Die Studie ist eine Längsschnittstudie mit vorwärtsgerichtetem Design. Die Wissenschaftler des Eltern-Kind-Projekts baten 267 Erstgebärende zur Teilnahme an der Studie und begleiteten die Familien vom zweiten Drittel der Schwangerschaft bis zum heutigen Zeitpunkt (Stand 2009). Die untersuchten, hoch risikobelasteten Familien lebten alle in Armut und hatten zahlreiche weitere Probleme. Viele Mütter waren alleinstehend, hatten nur einen niedrigen (oder gar keinen) Schulabschluss, zogen häufig um und einige waren noch im Teenageralter. Auch Erfahrungen mit Suchtproblemen, häuslicher Gewalt und Missbrauch oder Vernachlässigung in der eigenen Kindheit waren keine Seltenheit unter den Teilnehmerinnen. Untersuchungsgegenstand waren die Einstellungen und Erwartungen der Eltern hinsichtlich ihrer bevorstehenden Elternschaft, Kenntnisse von der kindlichen Entwicklung, sowie ihre eigenen Erfahrungsgeschichten, bedeutende Lebensereignisse, derzeitige Lebensumstände und die vorhandene psychosoziale Unterstützung. Nach der Geburt des Kindes wurden zusätzlich die emotionale und verhaltensbezogene Entwicklung des Kindes, die Entstehung der Bindungsqualität zwischen Eltern und Kind, die schulischen Leistungen des Kindes und seine Beziehungen zu anderen beobachtet und untersucht (vgl. Erickson/Egeland 2009, 27-28).

Die Ergebnisse der Studie zeigten, dass trotz der vielfältigen Risikofaktoren viele Kinder zu gesunden, selbstbewussten und kompetenten jungen Erwachsenen wurden, aber auch viele Kinder tatsächlich Probleme, z.B. hinsichtlich der Schule oder der Herausbildung positiver Beziehungen, entwickelten. Die Analysen und Vergleiche der erstellten Daten ergaben, dass eine positive Entwicklung von Eltern und Kind von mehreren wichtigen Faktoren abhängig war. Auf Grundlage der im Minnesota Eltern-Kind-Projekt gewonnenen Informationen begannen die Mitarbeiter Präventions- und Interventionsstrategien zu konzipieren, die auf schwangere Frauen in psychosozialen Risikosituationen ausgerichtet waren. So wurde das Konzept von STEEP™ ausgearbeitet und die Faktoren, die zu positiven Ergebnissen in

Risikoumwelten führten, in die allgemeine Zielsetzung übertragen. 1987 startete unter Leitung der Professoren Byron Egeland und Martha Farrell Erickson das erste STEEP™-Programm. Es galt eine Stärkung der elterlichen Fähigkeiten und eine Förderung der Qualität der Mutter-Kind-Bindung zu erreichen (vgl. Erickson/Egeland 2009, 28-29). Nachdem das STEEP™-Programm in den USA einige Zeit praktiziert wurde, fand eine erste Evaluation statt. Demnach wirke sich STEEP™ generell positiv auf die Förderung einer guten Eltern-Kind-Beziehung und die persönliche Reifung der Eltern aus (vgl. Erickson/Egeland 2009, 30).

Den Weg nach Deutschland fand STEEP™ über Prof. Dr. Gerhard J. Suess (Psychologischer Psychotherapeut, seit 2003 Professor an der HAW Hamburg und seit 2004 Projektleiter von STEEP™) und seine Mitarbeiter. Die Unzufriedenheit über die Ineffizienz von Maßnahmen der ambulanten Erziehungshilfe speziell für hoch belastete Familien und die Überzeugung, dass frühkindliche Bindungserfahrungen bedeutsam sind, führten in der jüngeren Vergangenheit zu seinem Bestreben eine verbesserte Praxis für gerade diese Zielgruppe zu schaffen (vgl. Suess 2007, 22 & 24). In diesem Zuge stieß er auf das amerikanische STEEP™-Programm. Seit 2001 wurde STEEP™ dann schrittweise in Zusammenarbeit mit den amerikanischen Entwicklern in Deutschland implementiert und ein umfassendes Weiterbildungskonzept entwickelt (vgl. Suess et al. 2010, 1144). Das ursprünglich auf Hamburg begrenzte Präventionsprogramm hat sich mittlerweile zu einer multizentrischen Interventionsstudie entwickelt und wird seit 2005 laufend umfassend evaluiert (vgl. Suess 2007, 21 & Suess et al. 2010, 1144).

2.4 Theoretische Fundierung

Die umfangreiche Fach- und Forschungsliteratur der letzten beiden Jahrzehnte zum Thema Eltern-Kind-Bindung bildet die theoretische Fundierung von STEEP™. Die Erkenntnisse der Bindungstheorie und –forschung über die immense Bedeutung der Bindungsbeziehung zwischen Eltern und Kind in deren ersten Lebensjahren, sowie über deren Auswirkungen auf die weitere kindliche Entwicklung von Einstellungen, Verhaltensweisen und sozialen Beziehungen sind für STEEP™ von zentraler Bedeutung (vgl. Erickson/Egeland 2009, 32). Dabei versucht das STEEP™-Programm die Empathiefähigkeit der Eltern gegenüber den kindlichen Signalen und Bedürfnissen und deren Feinfühligkeit in Bezug auf das Kind im Sinne der Bindungstheorie zu fördern und so auf eine sichere Eltern-Kind-Bindung

17

hinzuwirken. Da die eigenen Bindungserfahrungen der Eltern maßgeblichen Einfluss auf die Beziehungsfähigkeit zu ihrem Kind haben, ist die Fähigkeit zur kritischen Reflexion dieser, bei der Arbeit von STEEP™ sehr wichtig (vgl. Suess et al. 2010, 1143).

STEEP™ setzt Erkenntnisse aus der Bindungsforschung in praktisches Handeln um. So zeichnet das Frühinterventionsprogramm folgende bindungstheoretisch fundierte Ansätze aus: Das Erkennen von Unterschieden in Bindungsmustern und den zusätzlichen Unterstützungsbedarf, das Wissen um die Bedeutung der elterlichen Feinfühligkeit für eine sichere Bindungsqualität, die Anerkennung des Zuwendungs- und Unterstützungsbedarf der Eltern und das Bewusstsein darüber, dass die eigenen Bindungserfahrungen eines Menschen seine Gefühle, Verhaltensweisen und Erwartungen beeinflussen (vgl. Erickson/Egeland 2009, 36-37).

2.5 Grundsätze

STEEP™ wird von drei wichtigen Grundsätzen geleitet (vgl. Erickson/Egeland 2009, 38-39):

1. Die Mutter-Kind-Beziehung ist in die gesamte Familie und Gemeinschaft eingebettet. Deren Möglichkeiten und Probleme müssen berücksichtigt werden.

2. Das Programm darf keinem festgesetzten Ablauf folgen, sondern muss auf die Einmaligkeit und die individuellen Bedürfnisse jedes Kindes und jeder Familie neu zugeschnitten werden. Es gibt keine Orientierung an einer stereotypen Vorstellung von „Familie".

3. Jede Familie hat Stärken, auf die man bauen kann. Aufgabe von STEEP™ ist es, diese Stärken zu ermitteln und positiv zu verstärken.

2.6 Ziele

Primär möchte STEEP™ zu einer Stärkung der Eltern-Kind-Beziehung und einer Entwicklung hin zu einer sicheren Bindung beitragen. Um dieses Hauptziel zu erreichen gilt es die erzieherischen Kompetenzen der Eltern mit Hilfe der acht herausgearbeiteten STEEP™-Ziele zu fördern.

1. Es hat sich herausgestellt, dass absolut positive und absolut negative Gefühle und Erwartungen hinsichtlich der künftigen Elternrolle zu großen Schwierigkeiten mit den Kindern führen. Eine idealisierte Vorstellung führt häufig zu Enttäuschung und eine pessimistische Ansicht zu Feindseligkeit und Ablehnung. Daher ist es wichtig, dass die Eltern realistische Einstellungen und Erwartungen hinsichtlich der Schwangerschaft,

Geburt und Kindererziehung entwickeln. Das Erarbeiten einer objektiven Vorstellung von den Höhen und Tiefen des Elternalltags ist ein wichtiger Punkt im STEEP™-Programm (vgl. Erickson/Egeland 2009, 39-40).

2. Nicht nur realistische Erwartungen in Bezug auf die Elternrolle sind bedeutsam, sondern auch hinsichtlich des kindlichen Verhaltens. Ein besseres Verständnis von der Entwicklung eines Kindes und den normalen, zu erwartenden Verhalten in den unterschiedlichen Altersstufen ist wesentlich. Das Vermitteln von Kenntnissen kindlicher Verhaltensweisen und deren zeitlicher Abfolge, sowie den entwicklungsbezogenen Bedeutungen bestimmten Verhaltens, ist somit auch ein Aspekt von STEEP™ (vgl. Erickson/Egeland 2009, 40).

3. Wie bereits zuvor beschrieben sind die Feinfühligkeit der Bindungsperson bei der Wahrnehmung von kindlichen Bedürfnissen und Signalen, sowie die Angemessenheit der Reaktion auf diese essentiell für eine sichere Eltern-Kind-Bindung. Der Mutter soll mithilfe von STEEP™ geholfen werden die Signale des Kindes zu erkennen, sie richtig zu deuten und angemessen und zuverlässig auf sie zu reagieren, damit das Kind lernt anderen Menschen und sich selbst vertrauen zu können (vgl. Erickson/Egeland 2009, 41).

4. Ebenfalls wichtig für die Entwicklung einer guten, sicheren Bindung ist das Empathievermögen der Mutter. Wenn die Mutter sich besser in das Kind hineinversetzen und seine Gefühle nachvollziehen kann, kann das dazu beitragen, dass sie besser in der Lage ist die kindlichen Bedürfnisse zu erfüllen. Die Verbesserung des Einfühlungsvermögens ist damit ein weiteres Anliegen von STEEP™ (vgl. Erickson/Egeland 2009, 41-42).

5. Eine geordnete häusliche Umgebung, die dem Kind genügend Sicherheit und Anregung für eine optimale Entfaltung bietet, ist für deren kognitive, motorische und sprachliche Entwicklung förderlich und soll daher mithilfe von STEEP™ umgesetzt werden. Darunter fällt das Vorhandensein von abwechslungsreichen Spielmaterialien, einer gewissen Organisation und Ordnung, eines relativ vorhersagbaren Zeitplans und mindestens einer erwachsenen Person, die angemessen und interessiert auf das Kind eingeht (vgl. Erickson/Egeland 2009, 42).

6. Mithilfe des Gruppenangebots von STEEP™ sollen soziale Unterstützungsnetze für die Eltern und ihre Kinder geschaffen werden. Die Eltern sollen befähigt werden soziale Unterstützung für sich selbst und ihr Kind zu erkennen, zu nutzen und zu stärken, da dies Studien zufolge entscheidend zu einer sicheren Eltern-Kind-Bindung beiträgt (vgl. Erickson/Egeland 2009, 43).

7. STEEP™ möchte des Weiteren den Eltern dabei helfen, ihr Leben selbst zu regeln, verfügbare Ressourcen zu erkennen und erfolgreich zu nutzen. Die Eltern werden dabei gebeten, ihre Stärken und Probleme einzuschätzen, sich persönliche Ziele zu setzen und eine Vision von sich selbst und ihrer Familie zu erstellen. Es werden dann gemeinsam Mittel und Wege zur Erreichung dieser Ziele gesucht (vgl. Erickson/Egeland 2009, 43-44).

8. Darüber hinaus möchte STEEP™ den Eltern helfen, deren oft vorhandenes Gefühl von Machtlosigkeit zu überwinden und Optionen zu erkennen. Sie sollen befähigt werden, kluge und tragfähige Entscheidungen für sich selbst und ihre Kinder zu treffen (vgl. Erickson/Egeland 2009, 44).

2.7   Umsetzung

STEEP™ zählt zu den längeren und intensiveren Interventionsprogrammen. Idealerweise werden die Eltern ab dem letzten Drittel der Schwangerschaft und bis zum 2. Geburtstag des Kindes von der sogenannten STEEP™-Beraterin begleitet (vgl. Bohlen/Mali 2007, 16). Diese längere Dauer ist sinnvoll, da die Zielgruppe der Hoch-Risiko-Familien häufig sehr schwer erreichbar und haltbar ist. Die persönliche Ansprache und das Vorhandensein einer guten Beziehung zwischen Beraterin und Mutter sind oftmals Hauptgründe für die weitere Teilnahme an dem Programm. Doch die Entwicklung dieser Beziehung braucht Zeit. Eine kürzere Dauer des Projekts wäre Potentialverschwendung (vgl. Suess 2007, 23).

STEEP™ besteht aus regelmäßigen Hausbesuchen und Gruppenterminen, die im wöchentlichen Wechsel stattfinden. Damit werden zwei zentrale Elemente der Sozialen Arbeit miteinander verknüpft. Begleitet werden die Familien bei beiden Angeboten von derselben STEEP™-Beraterin (vgl. Bohlen/Mali 2007, 16).

Im Gruppenangebot werden gemeinsam Alltags- und Erziehungsfragen, sowie auch die Entwicklungsaufgaben der Kinder besprochen. Thematisiert werden unter anderem das richtige Deuten der kindlichen Signale und Gefühlsausdrücke, das feinfühlige Reagieren und Grenzensetzen, das Besprechen der emotionalen Entwicklung und die Reflektion über das Elternsein. Primär dient die STEEP™-Gruppe jedoch dem Aufbau eines sozialen Netzes der Eltern untereinander, einer Ebene der sozialen Unterstützung (vgl. Bohlen/Mali 2007, 17).

Eine zentrale Methode des STEEP™-Programms zur Stärkung der Eltern-Kind-Bindung ist die Videointervention „Seeing is believing", bei der die Eltern in ihrem alltäglichen Umgang mit ihrem Kind gefilmt werden (vgl. Bohlen/Mali 2007, 16). Bei der gemeinsamen

Besprechung der Aufnahmen mit der STEEP™-Beraterin findet eine Sensibilisierung deren Feinfühligkeit statt. Es werden offene Fragen gestellt, die darauf abzielen, die Aufmerksamkeit und das Einfühlungsvermögen der Mütter bezüglich der kindlichen Signale und Bedürfnisse zu fördern (vgl. Suess et al. 2010, 1143). Diese Methode soll die elterlichen Kompetenzen und Stärken unterstreichen und festigen.

Da die eigenen Beziehungserfahrungen und inneren Arbeitsmodelle der Eltern erhebliche Auswirkungen auf deren Umgang mit dem Kind haben, werden diese bei STEEP™ genauer betrachtet und gemeinsam reflektiert. Die STEEP™-Beraterin ermöglicht mit den Methoden des Programms den Eltern neue Beziehungserfahrungen, damit diese ihre Arbeitsmodelle verändern können. Das Motto hierbei ist: „Looking back, moving forward". Auch die Beziehung zwischen Eltern und STEEP™-Beraterin wird thematisiert (vgl. Bohlen/Mali 2007, 17).

2.8 Wirksamkeit

STEEP™ zeichnet sich vor allem auch durch seine Wissenschaftlichkeit aus. Das gesamte Projekt wird laufend evaluiert und auf seine Wirkungsweise hin überprüft. Seit 2005 findet eine Bewertung von STEEP™ an den Standorten Hamburg, Offenburg und Frankfurt statt, wo das Programm als Hilfe zur Erziehung im Auftrag des Jugendamtes angeboten wird. Das längsschnittlich angelegte Praxisforschungsprojekt heißt „WiEge" (Wie Elternschaft gelingt) und vergleicht die Familien, die Unterstützung durch das STEEP™-Programm erhalten mit der Kontrollgruppe, die „nur" die üblichen Jugendhilfeleistungen (zumeist Sozialpädagogische Familienhilfe) erhalten. Hinsichtlich des Alters der Mütter, deren Schulabschluss, Alleinerziehenden-Status und Diagnosen einer seelischen Erkrankung sind beide Gruppen miteinander vergleichbar (vgl. Suess et al. 2010, 1144-1145)

Den Untersuchungen zufolge zeigen 59% der Mutter-Kind-Paare nach einem Jahr STEEP™-Intervention eine sichere Bindungsqualität im Vergleich zu 33% der Kontrollgruppe und konnten so das Hauptziel des Programms erreichen. Eine signifikante Unterscheidung hinsichtlich des Vorkommens der desorganisierten Bindungsqualität ist zur Halbzeit des Interventionsprogramms jedoch nicht zu verzeichnen. In Bezug auf klinisch auffällige Erziehungseinstellungen konnte ein lediglich tendenzieller, jedoch kein statistisch signifikanter, Unterschied festgestellt werden. Demnach unterdrücken die Mütter der STEEP™-Gruppe im Vergleich zur Kontrollgruppe weniger das Streben ihres Kindes und schränken dieses weniger in seinen Autonomiebestrebungen ein. Allerdings weisen Mütter der STEEP™-Gruppe auch einen signifikant höheren Gesamtstresswert auf, was jedoch auf die höhere Stressbelastung auf ein als schwierig und stressvoll erlebtes Kind zurückzuführen ist (vgl. Suess et al. 2010, 1146).

Wesentlich ist jedoch, dass die Studie die positive Wirksamkeit von STEEP™ hinsichtlich der Förderung einer sicheren Eltern-Kind-Bindung nachweisen konnte. Ebenso ist von Bedeutung, dass keine Ergebnisse der Evaluation im Widerspruch zu den theoretischen Grundannahmen des Konzeptes, sondern alle im Einklang mit der Bindungstheorie stehen (vgl. Suess et al. 2010, 1148).

Schlussbemerkung

Die Qualität der frühkindlichen Bindung nimmt nachweislich erheblichen Einfluss auf die weitere Entwicklung des Kindes, insbesondere der Herausbildung sozio-emotionaler Kompetenzen und der Beziehungsfähigkeit zu anderen. Aufgrund der Annahme um die Wichtigkeit dieser frühkindlichen Erfahrungen versucht das Interventionsprogramm STEEP™ frühzeitig Hoch-Risiko-Familien dabei zu helfen, eine gute, sichere Bindung zu ihrem Kind aufzubauen und so die Kinder in ihrer Entwicklung hin zu kompetenten, selbstbewussten Erwachsenen zu unterstützen. Wie Studien bewiesen, ist STEEP™ bei dem Vorhaben eine sichere Eltern-Kind-Bindung zu fördern sehr erfolgreich und effektiv. Es leistet damit einen wertvollen Beitrag zur Prävention von Kindeswohlgefährdung. Augenmerk muss jedoch auch auf die Frage der Nachhaltigkeit des Programms gelegt werden. Interessant wäre eine Untersuchung, wie sich die Familien nach dem Ausstieg von STEEP™ verhalten und ob eine positive Wirksamkeit auch über die Anwesenheit der STEEP™-Beraterin hinaus zu verzeichnen ist.

Literaturverzeichnis

Ahnert, L. (Hrsg.) (2004): Frühe Bindung. Entstehung und Entwicklung. München; Basel: Ernst Reinhardt Verlag.

Becker-Stoll, F.; Textor, M. R. (Hrsg.) (2007): Die Erzieherin-Kind-Beziehung. Zentrum von Bindung und Erziehung. Berlin et al.: Cornelson Verlag Scriptor.

Bethke, C.; Braukhane, K.; Knobeloch, J. (2009): Bindung und Eingewöhnung von Kleinkindern. Troisdorf: Bildungsverlag EINS.

Bohlen, U.; Mali, A. (2007): Schritte zu einer erfreulichen und gelingenden Elternschaft. Standpunkt : sozial, 3/2007, S. 15-17.

Erickson, M. F.; Egeland, B. (2009): Die Stärkung der Eltern-Kind-Bindung. Frühe Hilfen für die Arbeit mit Eltern von der Schwangerschaft bis zum zweiten Lebensjahr des Kindes durch das STEEP™-Programm (2., überarb. Aufl.). Stuttgart: Klett-Cotta.

Fonagy, P. (2001): Bindungstheorie und Psychoanalyse. Stuttgart: Klett-Cotta.

Holmes, J. (2006): John Bowlby und die Bindungstheorie (2. Aufl.). München; Basel: Ernst Reinhardt Verlag.

Siegler, R.; DeLoache, J.; Eisenberg, N. (2005): Entwicklungspsychologie im Kindes- und Jugendalter. München: Elsevier, Spektrum, Akademischer Verlag.

Suess, G. J. (2007): Das STEEP-Projekt. Praxisforschung und –entwicklung an der HAW Hamburg. Standpunkt : sozial, 3/2007, S. 19-24.

Suess, G. J.; Bohlen, U.; Mali, A.; Frumentia Maier, M. (2010): Erste Ergebnisse zur Wirksamkeit Früher Hilfen aus dem STEEP-Praxisforschungsprojekt „WiEge". Bundesgesundheitsblatt - Gesundheitsforschung – Gesundheitsschutz. Jhg. 53, Heft 11, S. 1143-1149.

Zimmermann, P.; Spangler, G. (2008): Bindung, Bindungsdesorganisation und Bindungsstörungen in der frühen Kindheit: Entwicklungsbedingungen, Prävention und Intervention. In: Oerter, R; Montada, L. (Hrsg.) (2008): Entwicklungspsychologie (6., vollst. überarb. Aufl.). S. 689-704. Weinheim et al.: Beltz PVU.

CPSIA information can be obtained
at www.ICGtesting.com
Printed in the USA
BVHW031909220219
540941BV00001B/132/P